8° F
2757

MINISTÈRE DE LA GUERRE

INSTRUCTION

DU 1er MAI 1897

PORTANT RÈGLEMENT

POUR LE

PAYEMENT DES DOMMAGES

CAUSÉS AUX PROPRIÉTÉS PRIVÉES

PENDANT LES MANŒUVRES

ET EXERCICES SPÉCIAUX EXÉCUTÉS ANNUELLEMENT

PAR LES CORPS DE TROUPE

(Extrait du *Journal militaire*, 1er semestre 1897, n° 15.)

PARIS

LIBRAIRIE MILITAIRE DE L. BAUDOIN

IMPRIMEUR-ÉDITEUR

30, Rue et Passage Dauphine, 30

1897

DÉPOT LÉGAL
N° Seine 3733
1897

INSTRUCTION

DU 1er MAI 1897

PORTANT RÈGLEMENT

POUR LE

PAYEMENT DES DOMMAGES

CAUSÉS AUX PROPRIÉTÉS PRIVÉES

PENDANT LES MANŒUVRES

ET EXERCICES SPÉCIAUX EXÉCUTÉS ANNUELLEMENT

PAR LES CORPS DE TROUPE

Extrait de la loi du 24 juillet 1873 relative à l'organisation générale de l'armée.

. . . .

TITRE III.

. . . .

Art. 28. *L'instruction progressive et régulière des troupes de toutes armes se termine, chaque année, par des marches, manœuvres et opérations d'ensemble, de brigade, de division et, quand les circonstances le permettent, de corps d'armée. Jusqu'à la promulgation d'une loi spéciale sur la matière, un règlement d'administration publique, inséré au Bulletin des Lois, déterminera les conditions suivant lesquelles s'effectuera l'évaluation des dommages causés aux propriétés privées, ainsi que le payement des indemnités dues aux propriétaires.*

. . . .

Extrait de la loi du 3 juillet 1877 sur les réquisitions militaires.

. . . .

TITRE III.

DU LOGEMENT ET DU CANTONNEMENT.

. . . .

Art. 14. *Les troupes sont responsables des dégâts et dommages occasionnés par elles dans leurs logements ou cantonnements. Les habitants qui auront à se plaindre à cet égard adresseront leurs réclamations, par l'intermédiaire de la municipalité, au commandant de la troupe, afin qu'il y soit fait droit, si elles sont fondées.*

Lesdites réclamations devront être adressées et les dégâts consta-tés, à peine de déchéance, avant le départ de la troupe, ou, en temps de paix, trois heures après, au plus tard ; *un officier sera laissé, à cet effet, par le commandant de la troupe.*

. . . .

TITRE V.

DU RÈGLEMENT DES INDEMNITÉS.

. . . .

Art. 26. *Dans les trois jours de la proposition de la commission, les décisions de l'autorité militaire sont adressées au maire et noti-fiées administrativement par lui à chacun des intéressés ou à leur résidence habituelle, dans les vingt-quatre heures de la réception.*

Dans un délai de quinze jours, à partir de cette notification, ceux-ci doivent faire connaître au maire s'ils acceptent ou refusent l'allocation qui leur est faite. Faute par eux d'avoir fait connaître leur refus dans ce délai, les allocations sont considérées comme défi-nitives. Le refus sera motivé et indiquera la somme réclamée.

Il est transmis par le maire au juge de paix du canton, qui en donne connaissance à l'autorité militaire et envoie de simples aver-tissements, sans frais, pour une date aussi prochaine que possible, à l'autorité militaire et au réclamant.

En cas de non-conciliation, il peut prononcer immédiatement ou ajourner les parties pour être jugées dans le plus bref délai.

Il statue en dernier ressort, jusqu'à une valeur de deux cents francs (200 fr.) inclusivement, et, en premier ressort, jusqu'à quinze cents francs (1500 fr.) inclusivement. Au-dessus de ce chiffre, l'affaire sera portée devant le tribunal de première instance.

Dans tous les cas, le jugement sera rendu comme en matière som-maire.

Art. 27. *Après l'expiration du délai fixé par le deuxième paragraphe de l'article précédent, le maire dresse l'état des allocations devenues définitives par l'acceptation ou le silence des intéressés.*

Le montant des allocations portées sur ce tableau est mandaté collectivement, au nom de la commune, par les soins de l'intendance.

Le mandat doit être payé comptant.

En temps de guerre, le payement peut être fait en bons du Trésor, portant intérêt à 5 p. 100 du jour de la livraison.

Art. 28. *Aussitôt après le payement du mandat ou l'échéance du bon du Trésor, le maire est tenu de mandater et le receveur municipal est tenu de payer à chaque indemnitaire la somme qui lui revient.*

TITRE IX.

DISPOSITIONS SPÉCIALES AUX GRANDES MANŒUVRES.

Art. 54. *Les indemnités qui peuvent être allouées en cas de dommages causés aux propriétés privées par le passage ou le stationnement des troupes dans les marches, manœuvres et opérations d'ensemble, prévues à l'article 28 de la loi du 24 juillet 1873, doivent, à peine de déchéance, être réclamées par les ayants droit, à la mairie de la commune, dans les trois jours qui suivront le passage ou le départ des troupes.*

Une commission attachée à chaque corps d'armée ou fraction de corps d'armée opérant isolément, procède à l'évaluation des dommages. Si cette évaluation est acceptée, le montant de la somme fixée est payé sur-le-champ.

En cas de désaccord, la contestation sera introduite et jugée comme il a été dit à l'article 26.

Un règlement d'administration publique déterminera la composition et le mode de fonctionnement de la commission.

DISPOSITIONS GÉNÉRALES.

Art. 55. *Tous les avertissements et autres actes qu'il sera nécessaire de signifier à l'autorité militaire, pour l'exécution de la présente loi, le seront à la mairie du chef-lieu de canton.*

. . . .

Extrait du décret du 2 août 1877, portant règlement d'administration publique pour l'exécution de la loi du 3 juillet 1877 sur les réquisitions militaires.

. . . .

TITRE PREMIER.

CONDITIONS DANS LESQUELLES S'EXERCE LE DROIT DE RÉQUISITION.

. . . .

Art. 2. En cas de mobilisation partielle ou de rassemblement de troupes, pour quelque cause que ce soit, les arrêtés du Ministre de la guerre déterminent l'époque où pourra commencer et celle où devra se terminer l'exercice du droit de réquisition, ainsi que les portions de territoire où le droit de réquisition pourra être exercé.

Ces arrêtés sont publiés dans les communes.

. . . .

TITRE III.

DU LOGEMENT ET DU CANTONNEMENT.

. . . .

Art. 28. *S'il est reconnu que des dégâts ont été commis chez un ou plusieurs habitants par des soldats qui y étaient logés ou cantonnés, procès-verbal en est dressé contradictoirement par le maire de la commune et par l'officier chargé d'examiner la réclamation.*

S'il s'agit de passage de troupes en temps de paix, le procès-verbal est remis à l'habitant, qui adresse sa réclamation à l'autorité militaire.

. . . .

TITRE IX.

DISPOSITIONS SPÉCIALES AUX GRANDES MANOEUVRES.

Art. 105. *L'époque où peuvent avoir lieu les grandes manœuvres des corps d'armée ou fractions de corps d'armée est déterminée, chaque année, par le Ministre de la guerre.*

Art. 106. *Trois semaines au moins avant l'exécution des manœuvres, les généraux commandant les régions avertissent les préfets des départements intéressés de l'époque et de la durée des manœuvres, et leur font connaître les localités qui pourront être occupées ou traversées.*

Les préfets désignent un membre civil pour faire partie de la commission chargée de régler les indemnités.

Art. 107. *Le maire de la commune dont le territoire peut être occupé ou traversé pendant les grandes manœuvres en est informé par le préfet.*

Il fait immédiatement publier et afficher dans sa commune l'époque et la durée des manœuvres.

Il invite les propriétaires de vignes ou de terrains ensemencés ou non récoltés à les indiquer par un signe apparent.

Il prévient les habitants que ceux qui subiraient des dommages par suite des manœuvres doivent, sous peine de déchéance, déposer leurs réclamations à la mairie dans les trois jours qui suivent le passage ou le départ des troupes.

Art. 108. *Quinze jours au moins avant le commencement des manœuvres, les généraux commandant les régions nomment les commissions de règlement des indemnités.*

Ces commissions sont composées, par chaque corps d'armée opérant isolément, d'un fonctionnaire de l'intendance, président, d'un officier du génie, d'un officier de gendarmerie et du membre civil désigné par le préfet.

Art. 109. *La commission peut reconnaître à l'avance les terrains qui doivent être occupés ; elle accompagne les troupes et suit leurs opérations.*

Au fur et à mesure de l'exécution des manœuvres, elle se rend successivement dans les localités qui ont été traversées ou occupées, en prévenant à l'avance les maires du moment de son passage.

Les maires préviennent les intéressés, et remettent à la commission un état individuel mentionnant la date de la réclamation, la nature du dommage et la somme réclamée.

Art. 110. *La commission, après avoir entendu les observations des maires et des réclamants, fixe le chiffre des indemnités à allouer et en dresse l'état.*

Si les intéressés présents acceptent cette fixation, ils reçoivent immédiatement le montant de l'indemnité sur leur émargement.

A cet effet, la commission est accompagnée d'un adjoint du génie ou d'un officier comptable d'un des services administratifs, muni d'une avance de fonds.

Art. 111. *Si l'allocation n'est pas adoptée séance tenante, la commission insère dans son procès-verbal les renseignements nécessaires pour apprécier la nature et l'étendue du dommage.*

Un extrait du procès-verbal est, en cas de contestation, remis au juge de paix ou au tribunal chargé de statuer sur les réclamations.

Art. 112. *L'état des indemnités qui n'ont pas été acceptées séance tenante est remis au maire de la commune, qui, par une notification administrative, met immédiatement les propriétaires en demeure de les accepter ou de les refuser dans un délai de quinze jours.*

Les refus, déposés par écrit et motivés, sont annexés au procès-verbal.

Art. 113. *A l'expiration du délai de quinze jours, le maire consigne sur l'état qui lui a été remis par la commission les réponses qu'il a reçues, et les transmet ensuite au fonctionnaire de l'intendance militaire, président de la commission, qui assure le payement des indemnités qui n'ont pas été refusées.*

Art. 114. *Les règlements antérieurs sont abrogés en ce qu'ils ont de contraire au présent décret.*

INSTRUCTION.

Objet de l'instruction.

Les dispositions de la présente instruction s'appliquent au règlement des indemnités dues pour les dommages et les dégâts occasionnés aux propriétés privées, non seulement pendant les manœuvres d'automne, mais encore au cours des manœuvres spéciales et exercices divers exécutés en vertu d'ordres spéciaux, *quelle que soit l'époque de l'année.*

Les exercices de tir à la cible des troupes d'infanterie et les écoles à feu de l'artillerie sur les polygones et champs de tir permanents ou éventuels ne rentrent pas dans ces conditions. Les dégâts aux propriétés riveraines, ou les accidents qui peuvent en résulter, font toujours l'objet d'un examen spécial de la part de l'autorité militaire supérieure, qui, après enquête, saisit directement le Ministre (*Direction de la Cavalerie ; Bureau de la Justice militaire*) des demandes d'indemnité qui peuvent se produire.

TITRE PREMIER.

CLASSIFICATION DES DIFFÉRENTES MANŒUVRES, AU POINT DE VUE DES INDEMNITÉS AUXQUELLES PEUVENT DONNER DROIT LES DÉGATS ET DOMMAGES QU'ELLES OCCASIONNENT.

Le droit de réquisition en ce qui concerne les prestations énumérées aux cinq premiers paragraphes de l'article 5 de la loi du 3 juillet 1877, peut s'exercer dans tous les cas de rassemblement de troupes, et, en particulier, pour toutes les manœuvres et tous les exercices spéciaux (1) exécutés à une époque quelconque de l'année, dans les conditions spécifiées par l'article 2 du décret du 2 août 1877.

En ce qui concerne le droit éventuel aux indemnités, les manœuvres et exercices spéciaux peuvent se diviser en deux groupes :

1er *groupe.* — Le premier groupe comprend les manœuvres et les exercices d'ensemble des troupes de toutes armes, visés par l'article 28 de la loi du 24 juillet 1873, dans lesquels l'effectif de la troupe est égal ou supérieur à une brigade, et pour lesquels, conformément au titre IX du décret du 2 août 1877, la date d'exécution, fixée par le Ministre, est notifiée à l'avance aux populations au moyen d'affiches portant ouverture du droit de réquisition.

---

(1) Les manœuvres et les exercices spéciaux sont définis par l'instruction du 18 février 1895 sur les manœuvres.

Ces manœuvres entraînent servitude au profit de l'Etat, en ce sens que, seuls et à l'exclusion de tous autres dommages ou préjudices, les dégâts matériels proprement dits donnent droit à indemnité.

Les contestations susceptibles de survenir au sujet du règlement des dommages doivent être déférées à la juridiction civile (justice de paix, sauf appel devant le tribunal de 1re instance de l'arrondissement).

2e *groupe*. — Le deuxième groupe comprend toutes les manœuvres et tous les exercices militaires dans lesquels l'effectif de la troupe est inférieur à une brigade, et qui sont exécutés à toute époque de l'année, sans publication préalable pour l'instruction des cadres ou de la troupe.

Pour ces opérations, tous les dommages de quelque nature qu'ils soient, voire la simple privation de jouissance, donnent droit à indemnité.

Les litiges doivent être tranchés par la juridiction administrative (Ministre de la guerre, juge au 1er degré; recours au Conseil d'Etat).

TITRE II.

MANŒUVRES ET EXERCICES DU PREMIER GROUPE.

CHAPITRE Ier. — *Commission de règlement des indemnités.*

Une commission est appelée à fonctionner pour l'évaluation et le règlement des indemnités dues en raison des dommages causés par les troupes.

Conformément aux prescriptions des articles 108 et 110 du décret du 2 août 1877, cette commission est composée : d'un fonctionnaire de l'intendance, président, d'un officier du génie, d'un officier de gendarmerie et d'un membre civil désigné par le préfet. Elle est, en outre, accompagnée par un adjoint du génie ou un officier comptable d'un des services administratifs, muni d'une avance de fonds.

Les membres militaires entrant dans la composition de la commission sont désignés quinze jours au moins avant le commencement des opérations ; ils sont choisis parmi les officiers des troupes prenant part aux manœuvres, soit par les soins du directeur des manœuvres (1) s'il s'agit de manœuvres de groupes d'armée, ou d'armée, soit, dans tous les autres cas, par les soins du commandant de corps d'armée sur le territoire duquel ont lieu les opérations.

---

(1) Le directeur des manœuvres nomme une ou plusieurs commissions suivant l'étendue de la zone des opérations.

Les membres civils *(experts)* sont choisis par le préfet du département, sur le territoire de la région que chaque commission doit parcourir. Ces dernières désignations sont, au besoin, provoquées, en temps utile, par le général commandant le corps d'armée, ou, suivant le cas, par le général directeur des manœuvres.

CHAPITRE II. — *Fonctionnement des commissions.*

a) Travail préliminaire des commissions.

Aussitôt que la région dans laquelle les troupes devront manœuvrer sera connue, le sous-intendant militaire, président de la commission, inscrira sur un registre (modèle F) toutes les communes comprises dans cette région. En face de chacune d'elles, il indiquera la brigade de gendarmerie dans le territoire de laquelle se trouve cette commune. Ce dernier renseignement lui sera fourni, sur sa demande, par les commandants des compagnies de chaque département (1).

Le sous-intendant enverra ensuite, à chaque commandant de brigade, une lettre (modèle A) avec autant de notes (modèle B) qu'il y aura de communes dans la brigade. Au besoin, cette lettre pourra être complétée par les demandes de renseignements que des circonstances exceptionnelles viendraient à nécessiter. Toutefois, on devra s'abstenir de réclamer le concours de la gendarmerie pour l'estimation des dommages.

A la lettre (modèle A) sera joint un état récapitulatif (modèle C) qui devra être ultérieurement rempli et renvoyé par le commandant de chaque brigade.

Les adresses des notes modèle B et des états modèle C seront remplies à l'avance.

Les bureaux indiqués pour l'envoi de ces pièces, *poste restante,* seront échelonnés par le sous-intendant selon les étapes probables de sa tournée.

En même temps qu'il fera partir les lettres (modèle A), le sous-intendant en adressera une autre (modèle A *bis*) à chacun des maires dont les communes figureront sur le registre F. Le but de cette communication sera de fixer les maires sur la nouvelle marche à suivre pour régler rapidement et sûrement les indemnités susceptibles de revenir à leurs administrés.

Conformément aux prescriptions de la lettre modèle A, les gendarmes se présenteront à la mairie de chaque commune durant le quatrième jour qui suivra le départ ou le passage des troupes. Ils

---

(1) Il serait de toute utilité que ce tableau de correspondance des brigades de gendarmerie avec les cantons et les communes des départements figurât constamment dans les archives de chaque sous-intendance, au moins pour les départements du corps d'armée.

feront remplir et signer par le maire l'avis (modèle B), recueille-ront toutes les réclamations dont le nombre sera accusé par ledit avis, et remettront immédiatement toutes ces pièces à leur chef de brigade, dès qu'ils seront de retour. De la sorte, on sera certain qu'aucune réclamation ne pourra plus être admise après le délai de trois jours accordé par l'article 54 de la loi du 3 juillet 1877.

Après le retour des gendarmes, le commandant de la brigade remplira l'état (modèle C) récapitulant les demandes des commu-nes intéressées, et adressera ensuite par la poste, *avant le départ du courrier*, tous ces documents au Président de la commission, en réponse à la lettre A.

Muni de ces renseignements, le sous-intendant aura les plus grandes facilités pour organiser sa tournée, qu'il ne commencera d'ailleurs qu'après avoir reçu toutes les notes (modèle B) et les états récapitulatifs C, dont il aura provoqué l'envoi. Il éliminera d'abord de son itinéraire toutes les communes dans lesquelles aucune réclamation n'aura été faite, ce qui abrégera de moitié la tournée de la commission. Il n'aura d'ailleurs aucune réclamation ultérieure à appréhender de ce côté, puisqu'un avis, signé du maire, aura constaté qu'aucun habitant n'avait réclamé dans les délais légaux.

Pour les autres communes, il pourra se guider d'après le nom-bre de réclamations. Il préviendra chaque maire de l'arrivée de la commission, au moyen d'un avis (modèle D) envoyé par la poste au moins deux jours à l'avance. Pour les communes qui sont très rapprochées du chef-lieu de la brigade de gendarmerie, on pourra faire prévenir directement par les gendarmes.

Il est utile, pour éviter tout mécompte, d'indiquer sur ces avis que la commission se présentera à la mairie à la date indiquée, ou, en cas d'empêchement, le lendemain.

Enfin, il arrive trop souvent que les maires comprennent des réclamations relatives au cantonnement dans celles qui sont rela-tives aux dommages causés par les manœuvres proprement dites, et qui, seules, doivent être réglées par la commission d'expertise. Dans le cas où la commission ne pourra pas donner suite à une réclamation de cette nature, le président pourra le constater au moyen d'une déclaration (modèle E) qui sera conplétée suivant les circonstances. Cette pièce permettra au maire de poursuivre la réclamation auprès de qui de droit.

Le système indiqué ci-dessus a l'avantage d'abréger beaucoup les opérations des commissions et de permettre au président de régler à coup sûr son itinéraire, sans même avoir besoin d'être informé, à aucune époque, de la marche et des mouvements divers des troupes qui prennent part aux manœuvres.

b) Du payement des indemnités afférentes aux dommages causés par les manœuvres. — Allocations diverses aux membres des commissions.

Les commissions acquittent, séance tenante, *à bureau ouvert*, au moyen des avances de fonds mises à leur disposition, les indemnités fixées par elles, *quelle qu'en soit l'importance*, sauf refus d'acceptation de la partie intéressée, en se conformant aux prescriptions des articles 110 et 111 du décret du 2 août 1877.

Aux termes de la décision ministérielle du 2 mai 1877, les indemnités allouées pour dommages causés aux propriétés privées, pendant les manœuvres d'automne, ainsi que les frais se rapportant au fonctionnement des commissions d'expertise autres que les indemnités de déplacement, qui doivent être payées sur les fonds du service de l'indemnité de route, à partir du 1er janvier 1897, sont imputés sur les crédits du budget de la justice militaire affectés au payement des frais généraux de ce service.

Ces dispositions s'étendent aujourd'hui à toutes les dépenses résultant des opérations militaires analogues, exécutées dans le courant de l'année.

Leur payement en est effectué conformément aux prescriptions des articles 169 et 170 du règlement du 3 avril 1869 sur la comptabilité du département de la guerre. A cet effet, les intendants militaires, directeurs du service de l'intendance de chaque corps d'armée, sont autorisés à mettre à la disposition des adjoints du génie ou des officiers d'administration comptables, attachés comme payeurs aux commissions, les fonds nécessaires pour acquitter, contre émargement ou reçu (1) :

Sur les fonds du service de la justice militaire, les indemnités allouées pour dommages causés aux propriétés privées, ainsi que les frais d'achat de papier, d'imprimés ou d'autographies pour la confection des états destinés à l'usage des commissions et dont les modèles sont annexés à la présente instruction. (Les commissions doivent se procurer elles-mêmes ces fournitures dans le commerce. Elles peuvent, au besoin, faire autographier les feuilles de tête des états à fournir) ;

Sur les fonds du service de l'indemnité de route, les frais de déplacement des membres des commissions, savoir :

---

(1) Dans le cas où la partie prenante ayant droit à une indemnité de 150 francs ou supérieure à cette somme ne sait ou ne peut signer, il est exceptionnellement procédé, *par analogie avec les dispositions adoptées à l'égard des éleveurs illettrés*, comme l'indique le § 4 de l'article 42 des dispositions générales concernant l'ordonnancement, le payement et la justification des dépenses, qui font suite au règlement du 3 avril 1869.

. . . .

« Art. 42, § 4. — Si la partie prenante est illettrée ou dans l'impossibilité de signer, la déclaration en est faite au comptable chargé du payement, qui la transcrit sur l'extrait d'ordonnance ou sur le mandat, la signe et la fait signer par deux témoins présents au payement, pour toutes les créances qui n'excèdent pas 150 francs.

. . . .

« Pour tout payement au-dessus de 150 francs, il est exigé une quittance authentique enregistrée gratis, à moins qu'il ne s'agisse d'éleveurs illettrés, ceux-ci devant continuer à jouir de l'exception consacrée pour eux par l'article 14 du règlement du 23 mars 1837, c'est-à-dire à recevoir le prix de leurs chevaux en présence de deux témoins, comme il est dit ci-dessus. »

1º Indemnité de 25 francs par journée de déplacement, attribuée aux membres civils des commissions instituées en vertu de l'article 108 du décret du 2 août 1877 ;

2º Frais de location des voitures mises à la disposition des commisssions *pour le transport gratuit, sans exception, et sur tout le parcours,* des membres et des comptables de ces commissions. Les officiers ne doivent, par suite, emmener ni ordonnances ni chevaux.

Ces dépenses sont acquittées par le comptable de la commission sur facture visée par le président ;

3º Une allocation spéciale de 6 francs par jour, accordée, pour frais de déplacement, aux membres militaires des commissions, sans distinction de grade, à l'exclusion de toute autre indemnité sur d'autres fonds.

Par dérogation aux dispositions des circulaires du 4 juin 1877 et du 9 juin 1879, les membres militaires des commissions d'évaluation peuvent réclamer le bénéfice du logement en nature.

Les avances de fonds nécessaires au payement des diverses dépenses que doivent acquitter les officiers payeurs des commissions, sont faites, suivant la nature desdites dépenses, sur les crédits délégués aux intendants militaires, directeurs du service de l'intendance des corps d'armée, soit au titre du service de l'indemnité de route, soit au titre du service de la justice militaire, et les adjoints du génie et officiers d'administration comptables justifient de leur emploi dans la forme déterminée par le règlement de comptabilité pour les services régis par économie.

c) Des états et pièces justificatives à produire.

A la fin des manœuvres ou exercices, les intendants militaires, directeurs du service de l'intendance, font parvenir au Ministre (*Direction de la Cavalerie ; Bureau de la Justice militaire*), par l'intermédiaire du général commandant le corps d'armée, dans un délai d'un mois, qui peut toutefois être étendu sans dépasser le 31 décembre, dernier délai de rigueur, pour les opérations des manœuvres d'automne, les états nos 1, 2 et 3, accompagnés de toutes les pièces justificatives des payements et dépenses effectués.

Ils transmettent également (*même Bureau*) le 15 octobre de chaque année, à l'issue desdites manœuvres d'automne, le relevé sommaire des dépenses faites par les commissions dans leur corps d'armée (état nº 4).

Cet état indique :

1º Le montant des sommes mises à la disposition de chaque commission sur les crédits délégués au titre du budget de la Justice militaire (chapitre des frais généraux) ;

2º Le chiffre des dépenses faites par elle sur ces sommes.

Ce relevé est accompagné des récépissés de versement au Trésor des crédits restés sans emploi entre les mains des officiers payeurs des commissions (adjoints du génie ou officiers d'admi-nistration comptables).

CHAPITRE III. — *Du refus des offres faites par les commissions et de la procédure à suivre en cas de contestation.*

Toutes les fois que les réclamants n'acceptent pas les offres de la commission d'expertise, un extrait du procès-verbal est transmis au juge de paix, par analogie avec les prescriptions de l'article 111 du décret du 2 août 1877.

Par analogie avec les dispositions de l'article 56 de ce décret, le soin de représenter l'autorité militaire dans cette circonstance appartient à l'intendant militaire, directeur du service de l'inten-dance du corps d'armée sur le territoire duquel les dégâts se sont produits, sauf à lui à se faire suppléer, s'il y a lieu, par le fonc-tionnaire de l'intendance qui a présidé la commission d'expertise, ou par tel autre qui se trouve le plus à proximité du chef-lieu de la justice de paix devant laquelle est portée la contestation. Ce fonctionnaire maintient les offres faites précédemment par la commission; mais il a la faculté de transiger, dans les limites qu'il juge les plus compatibles avec les intérêts du Trésor.

Lorsque l'affaire n'aboutit pas en conciliation et est appelée devant le tribunal de première instance, l'intendant militaire, directeur du service de l'intendance, constitue, au nom du dépar-tement de la guerre (1), un avoué, qui prend la défense des inté-rêts de l'Etat.

TITRE III.

MANOEUVRES ET EXERCICES DU DEUXIÈME GROUPE.

Pour toutes les opérations rentrant dans le deuxième groupe, il n'est pas constitué de commission.

Les dommages sont appréciés par un officier de la troupe qui les a occasionnés, et, en cas d'accord avec les intéressés, ils sont réglés sur place au moyen des fonds dont le conseil d'administra-tion du corps a fait l'avance. La dépense est régularisée ultérieu-rement par le service de l'intendance, qui rembourse, sur les cré-dits de la justice militaire, l'avance ainsi faite, sur la présentation des pièces justificatives exigibles en pareil cas.

Afin d'entourer son appréciation de toutes les garanties désira-bles, l'officier expert prend, autant que possible, l'avis du maire et d'un idoine de la commune.

En cas de désaccord avec la partie lésée, la réclamation de cette dernière, accompagnée de l'appréciation de l'officier, est

---

(1) Par dérogation aux dispositions du 3e paragraphe de la circulaire du 20 septembre 1884 (*Direction de la comptabilité et du contentieux, 1er Bureau*).

soumise au commandant du corps d'armée, qui modifie, s'il y a lieu, l'estimation de l'autorité militaire, de manière à donner satisfaction au requérant, ou la maintient s'il le juge nécessaire.

La décision du commandant du corps d'armée est notifiée à l'intéressé. En cas d'acceptation, le payement est effectué d'office par le corps de troupe.

En cas de non-acceptation de ladite décision, l'intéressé est invité à formuler une réclamation au Ministre, sur papier timbré, et à l'adresser au commandant de corps d'armée qui la transmet au Ministre (Direction de la cavalerie ; Bureau de la justice militaire), en même temps que le dossier de l'instruction de l'affaire.

Cette manière de procéder permettra au Ministre de statuer plus promptement sur le litige que dans le cas où le réclamant saisirait directement l'administration de la guerre.

CHAPITRE IV.

DISPOSITIONS COMMUNES AUX MANŒUVRES ET EXERCICES DU PREMIER
ET DU DEUXIÈME GROUPE.

CHAPITRE Ier. — *Des dégâts causés dans les cantonnements.*

Indépendamment des dégâts occasionnés aux propriétés privées (champs, récoltes, etc.), par leurs évolutions et manœuvres, les troupes sont encore, en temps de paix, responsables aux termes des articles 14 de la loi du 3 juillet 1877 et 28 du décret du 2 août suivant, des dommages qu'elles causent aux propriétés des habitants chez lesquels elles sont logées ou cantonnées.

A cet égard, il importe de ne pas confondre le logement ou le cantonnement des troupes chez l'habitant avec le *bivouac*, et, par suite, d'établir une distinction au point de vue de l'estimation des dommages dans ces deux cas.

Le logement et le cantonnement, tels qu'ils sont définis par l'article 8 de la loi du 3 juillet 1877 sur les réquisitions militaires, sont l'installation des hommes, des animaux et du matériel dans les maisons, écuries, bâtiments, remises ou abris, en un mot dans tout endroit *couvert*, quel qu'il soit. Les règles spéciales au mode d'évaluation et au délai pour le dépôt des réclamations, dans l'espèce, sont fixées par les articles susvisés de la loi du 3 juillet et du décret du 2 août 1867.

Le *bivouac*, c'est-à-dire l'installation des hommes, des animaux et du matériel en plein air, autrement dit dans des endroits *non abrités*, tels que champs, prairies, etc., n'est pas soumis à cette réglementation particulière. Les dégâts occasionnés par les troupes doivent, dans ce cas, être assimilés aux dommages résultant des manœuvres elles-mêmes, et sont soumis à l'appréciation des commissions, si l'effectif des troupes bivouaquées correspond à un de ceux prévus par les manœuvres du premier groupe, ou à celle de l'officier-expert, s'il s'agit d'un effectif inférieur à une brigade (manœuvres du deuxième groupe).

Lorsque des dommages sont occasionnés dans le logement ou le cantonnement, il y a lieu, au point de vue de l'imputation de la dépense, d'établir une distinction entre ceux résultant de la faute et de la négligence des hommes, ou d'un défaut de surveillance de leurs chefs, et ceux, au contraire, provenant uniquement des conditions mêmes du cantonnement ou du logement, lesquels ne se trouvent pas toujours aménagés d'une manière suffisante pour la circonstance.

Suivant l'esprit de la loi, la dépense doit, dans le premier cas, rester à la charge des corps de troupe (elle est alors imputée à la masse d'habillement et d'entretien) ; dans le second cas, les dommages sont considérés comme causés par les manœuvres elles-mêmes, et leur réparation incombe au budget du service de la justice militaire (crédits spéciaux).

Dans cette dernière hypothèse, les dommages sont évalués d'après l'importance des effectifs, soit par la commission d'expertise militaire réglementaire, à laquelle une copie du procès-verbal dressé est immédiatement transmise, soit par un officier-expert.

Chapitre II. — Dispositions générales.

Les crédits budgétaires destinés au payement des indemnités relatives aux dommages causés aux propriétés privées ayant été sensiblement réduits, les directeurs des manœuvres et les commandants de troupes ou de détachements doivent prendre toutes les précautions nécessaires pour éviter, autant que possible, de commettre des dégâts et, par suite, de soulever des réclamations de la part des propriétaires.

Toutefois, dans le cours des opérations, les troupes ne sont pas obligées de respecter, d'une manière absolue, les limites indiquées par les signes apparents placés sur les terrains susceptibles d'être endommagés par leur passage ; mais ces limites ne peuvent être franchies que dans le cas où l'exécution de la manœuvre l'exige et seulement sur l'ordre, soit des chefs de détachements, soit des arbitres de la manœuvre.

Les troupes doivent toujours remettre en état les terres non ensemencées sur lesquelles elles ont exécuté des ouvrages de campagne ou des installations de bivouac.

Le Ministre de la guerre,
Signé : Gal Billot.

MODÈLES.

Les imprimés nécessaires pour ces divers états ne sont plus fournis, comme précédemment, par l'administration centrale de la guerre. Les commissions ont à se pourvoir directement du papier nécessaire et peuvent, au besoin, faire autographier les feuilles capitales. Le tracé des feuilles intercalaires est fait à la main.

Instruction minis-
tériclle du 1er mai 1897.

e CORPS D'ARMÉE.

—

MANŒUVRES DE 189 .

—

" Commission de règle-
ment des dommages
causés aux propriétés
privées.

MODÈLE A.

A , le 189 .

Le Sous-Intendant militaire, président
*de la commission de règlement des dommages causés aux
propriétés privées pendant les manœuvres,*

à Monsieur le Commandant de la brigade de yendar-
merie.

MONSIEUR LE COMMANDANT DE BRIGADE,

Les communes désignées ci-après, qui constituent votre
arrondissement, seront, très probablement, occupées ou traversées par les troupes du   e corps d'armée pendant les
manœuvres.

En exécution des ordres de Monsieur le Général commandant le corps d'armée, vous voudrez bien prendre les mesu-
res nécessaires pour que, trois jours après celui du passage
ou du départ des troupes, et pendant le premier jour qui
suivra ce délai, un gendarme se rende à la mairie de chacune de ces communes.

Ce gendarme fera signer une des notes ci-jointes (modèle
B) par le maire ou son adjoint, après y avoir fait consigner
le nombre des réclamations faites à la mairie, par les habitants de la commune, pendant les trois jours précédents. En
même temps, il se fera remettre toutes les réclamations
individuelles qui auront dû être établies d'après le modèle
indiqué à MM. les maires, par le président de la commission
des dégâts.

Dans le cas où aucune réclamation n'aurait été faite, on
mettra le mot *néant.*

Ces différentes notes vous seront remises immédiatement,
à son retour, par le gendarme qui en sera porteur, ainsi que
toutes les réclamations individuelles dont le chiffre sera
accusé.

Les renseignements ainsi recueillis seront récapitulés par
vos soins sur l'état (modèle C) également ci-annexé, qui
devra me parvenir, le plus tôt possible, par la poste, avec
les notes B et les demandes à l'appui.

Il n'y aura pas lieu de vous occuper des adresses qui sont
mises à l'avance.

Je vous adresse, dès maintenant, tous mes remerciements
pour le concours que vous voudrez bien me prêter dans cette
circonstance. Vous n'ignorez pas combien est importante la
mission de la commission de règlement des indemnités. Je
compte sur votre zèle habituel pour en faciliter l'exécution.

Ci-joints : un imprimé d'état récapitulatif, et   imprimés à remplir par les maires, pour les communes de.....

° CORPS D'ARMÉE.

—

MANŒUVRES DE 189 .

—

Commission de règle-
ment des dommages
causés aux propriétés
privées.

Instruction minis-
térielle du 1ᵉʳ mai 1897.

—

MODÈLE A *bis*.

A   .   , le   189 .

Le Sous-Intendant militaire
président de la commission de règlement des dommages
causés aux propriétés privées pendant les manœuvres
d
à Monsieur le Maire de la commune de   .

MONSIEUR LE MAIRE,

J'ai l'honneur de vous informer qu'il vous sera présenté
par la gendarmerie, le *quatrième* jour après le passage où le
stationnement des troupes dans votre commune, un état que
vous aurez l'obligeance de signer et qui présentera le nombre
exact des demandes d'indemnités qui vous auront été adressées dans les trois jours précédents.

A l'appui de ces états, vous voudrez bien remettre à la
gendarmerie les réclamations *individuelles* formulées par les
propriétaires intéressés.

Lesdites réclamations devront être *écrites* et présentées
sous la forme d'état individuel du modèle ci-après, indiqué
par l'article 109 du décret du 2 août 1877.

Le jour du passage de la commission sera ultérieurement
indiqué.

Vous voudrez bien également faire établir et conserver un
état récapitulant toutes les réclamations des habitants de
votre commune, et indiquant les endroits où auront été commis les dégâts.

Lorsque la commission se présentera, je vous serai obligé
de mettre à sa disposition le garde champêtre qui, muni de
l'état récapitulatif précité, pourra la guider sur le territoire
de la commune, lui évitant ainsi des courses inutiles et, par
suite, des pertes de temps.

Enfin, je crois devoir insister tout particulièrement pour
vous prier d'inviter vos administrés à ne pas exagérer à dessein
les chiffres de leurs réclamations, comme cela se produit
chaque année d'une manière générale, et pour que, dans la
mesure du possible, ils n'enlèvent pas les récoltes qui
auraient pu être foulées ou endommagées, privant ainsi la
commission de tout élément d'appréciation.

J'insiste également pour rappeler à vos administrés que
les commissions n'ont pas à intervenir dans l'examen des
dommages causés par les troupes dans leurs logements ou
cantonnements, dommages qui, à peine de déchéance, doivent être signalés par les intéressés à l'officier laissé à la
mairie, dans les trois heures qui suivent le départ des
troupes (art. 14 de la loi du 3 juillet 1877).

2

Les dommages causés par le bivouac des troupes, les installations de parcs, c'est-à-dire le stationnement des hommes, des animaux, le dépôt du matériel dans des endroits *non abrités* (champs, prairies, etc.), sont considérés comme résultant des manœuvres elles-mêmes, et soumis aux règles suivantes :

1° *Manœuvres du 1er groupe*. Déclaration à la mairie dans le délai de trois jours ; évaluation et règlement amiable par la commission d'expertise ;

2° *Manœuvres du 2e groupe*. Estimation par l'officier expert. Recours au 1er degré au commandant de corps d'armée, en cas de désaccord. Litiges tranchés par décision contentieuse du Ministre.

Je vous remercie d'avance, Monsieur le Maire, du concours que vous voudrez bien prêter à la commission pour lui faciliter l'exécution de sa mission, et vous prie d'agréer l'assurance de ma parfaite considération.

NOMS ET PRÉNOMS DU RÉCLAMANT.	DATE de la RÉCLAMATION.	SOMME réclamée PAR DÉGAT.	NATURE DU DOMMAGE causé.	SUPERFICIE du DÉGAT.	LIEU où se trouve SITUÉ LE DÉGAT.	DIRECTION par RAPPORT AU VILLAGE.	OBSERVATIONS.
1	2	3	4	5	6	7	8
		fr.		hect. ares.			
							Les indications qui figurent dans les co—lonnes ci—contre sont données à titre d'exem—ple.
Dubois (Pierre-Antoine).	15 septembre.	50 »	Luzerne.	0,80	Clos Vougeot.	Nord.	
		30 »	Betteraves.	1,20	Lamarinière.	Est.	
		150 »	Pommes de terre.	0,80	Vieille Vigne.	Sud.	
		60 »	Sainfoin.	0,60	Les Essarts.	Ouest.	
	TOTAL....	290 »					

Instruction minis-
térielle du 1er mai 1897.

—

MODÈLE B.

DÉPARTEMENT d

———————

ARRONDISSEMENT d

———————

CANTON d   .

———————

COMMUNE d

———————

Le territoire de la commune d
a été traversé ou occupé par (1)

pendant la journée du (2)

En raison des dommages causés aux propriétés privées par le passage
ou le stationnement des troupes, il a été fait à la mairie, par les ayants
droit, et dans le délai de trois jours accordé par la loi,
    (3)   réclamation.

A   , le   189   .

Le Maire,

(1) Désigner le corps de troupe.
(2) Mettre le nom du jour et la date.
(3) Mettre *Néant* ou indiquer le nombre de
réclamations.

Les réclamations relatives aux dégâts et
dommages occasionnés par les troupes dans
leurs logements ou cantonnements doivent être
adressées, à peine de déchéance, à l'officier laissé
à la Mairie, dans les trois heures qui suivent le
départ des troupes (article 14 de la loi du
3 juillet 1877).

Les soustractions de paille, de bois, de raisins
et de denrées ou objets de toute nature doivent
être estimées séance tenante, et réglées par l'officier désigné ci-dessus. A défaut de payement
immédiat, il doit être établi un procès-verbal
constatant le fait et évaluant la somme due.

*Monsieur le Sous-Intendant, Président de la commission de règlement des
indemnités.*

SERVICE MILITAIRE

Monsieur le Sous-Intendant militaire,

Président de la Commission de règlement dès dommages causés aux propriétés privées
pendant les Manœuvres

POSTE RESTANTE

à

Le Commandant de la brigade de
Gendarmerie de

e CORPS D'ARMÉE.

—

MANŒUVRES DE 189 .

Instruction ministérielle
du 1er mai 1897.

—

MODÈLE C.

COMPAGNIE DE GENDARMERIE DE .

ARRONDISSEMENT

BRIGADE DE

ÉTAT RÉCAPITULATIF des réclamations faites par les habitants des communes ci-dessous, après le passage ou le stationnement des troupes pendant les manœuvres.

NOMS DES COMMUNES.	NOMBRE de RÉCLAMATIONS dans chaque commune.	OBSERVATIONS.
1	2	3

Les avis relatifs à chaque commune ont été remplis et signés par les Maires, conformément aux renseignements ci-dessus.

A , le 189 .

Le Commandant de la brigade,

Monsieur le Sous-Intendant militaire, Président de la Commission de règlement des indemnités, Poste restante à

Monsieur le Sous-Intendant militaire,

Président de la Commission de règlement des dommages causés aux propriétés privées
pendant les Manœuvres

POSTE RESTANTE

à

Le Commandant de la brigade de
Gendarmerie de

e CORPS D'ARMÉE.

—

MANŒUVRES DE 189 .

—

Commission de règle-
ment des dommages
causés aux propriétés
privées.

Instruction minis-
térielle du 1er mai 1897.

—

MODÈLE D.

En exécution de l'article 109 du décret du 2 août 1877, le Sous-Intendant militaire Président de la commission des dommages causés aux propriétés privées pendant les manœuvres

a l'honneur d'informer Monsieur le Maire de la commune de

que cette commission se présentera à la mairie de

dans la journée

du septembre prochain (1) pour statuer sur les réclamations qui ont été faites par les habitants à la suite de ces manœuvres.

Prière de vouloir bien en informer les intéressés.

(1) Quand le Président de la commission pourra le faire avec certitude, il indiquera l'heure exacte de l'arrivée de la com-mission.

A , le 189.

Le Sous-Intendant militaire,

Monsieur le Maire de la commune de

SERVICE MILITAIRE

Monsieur le Maire

de la Commune de

Canton de

Département de

LE SOUS-INTENDANT MILITAIRE,

Instruction minis-
térielle du 1ᵉʳ mai 1897.

° CORPS D'ARMÉE.

MANŒUVRES DE 189 .

Commission de règle-
ment des dommages
causés aux propriétés
privées.

MODÈLE E.

DÉPARTEMENT d

ARRONDISSEMENT d

CANTON d

COMMUNE d

Monsieur le Maire de la commune de
a présenté aujourd'hui à la commission de règlement des dommages causés aux propriétés pendant
les manœuvres

un état individuel relatif à la réclamation faite le
par Mʳ

Mʳ   demande une indemnité
de

La commission a l'honneur de prier Monsieur le
Maire de vouloir bien informer Mʳ
qu'elle ne peut donner suite à sa réclamation (1)

A   , le   18 .

Pour les Membres de la commission,

Le Sous-Intendant militaire, Président,

(1) Indiquer les motifs.

Instruction minis-
térielle du 1er mai 1897.

—

MODÈLE F.

e CORPS D'ARMÉE.

MANŒUVRES DE 189 .

REGISTRE *des communes occupées ou traversées par les troupes pendant les manœuvres.*

NUMÉROS D'ORDRE.	CANTONS.	COMMUNES.	BRIGADES de GENDARMERIE correspondantes.	BUREAU demandé pour l'envoi des avis poste restante.	NOMBRE de réclamations indiqué par les maires.	OBSERVATIONS.
1	2	3	4	5	6	7

Loi du 3 juillet 1877.

Décret du 2 août 1877,
art. 140.

Instruction ministérielle du 1er mai 1897.

Modèle n° 1.

ᶜ CORPS D'ARMÉE.

(1)

(2)

*Livre de détail des récoltes, produits ou travaux agricoles endommagés par les exercices ou manœuvres exécutés du   18
au   par l (2)   , conformément à
l'article 28 de la loi du 24 juillet 1873.*

Toutes les réclamations doivent être portées sur cet état, dont l'établissement est prescrit par l'article 140 du décret du 2 août 1877.

Conformément aux prescriptions de l'article 141, la commission y insère les renseignements nécessaires pour permettre d'apprécier la nature et l'étendue du dommage, toutes les fois que cette mesure lui paraît utile, et notamment dans les circonstances suivantes : 1° lorsque les ayants droit aux indemnités refusent de recevoir la somme offerte ; 2° lorsque ces mêmes ayants droit ne se présentent pas ; 3° lorsque les indemnités doivent être consignées ; 4° lorsque la demande d'indemnité lui semble dépourvue de fondement.

Les ayants droit, en cas d'empêchement, doivent se faire représenter par des tiers munis d'une autorisation établie sur papier libre, et sur laquelle la signature desdits ayants droit aura été légalisée par le maire.

Ces représentants peuvent, en outre, percevoir les indemnités allouées s'ils y sont régulièrement autorisés. Toutefois, leur émargement devra être appuyé soit de cette autorisation, soit d'une copie.

(1) Indiquer toujours la division et la brigade.
(2) Indiquer le corps ou la fraction de corps qui exécute les exercices ou manœuvres.

NUMÉROS D'ORDRE des dommages constatés.	NOMS ET DOMICILES des PROPRIÉTAIRES, fermiers ou autres ayants droit.	COMMUNES SUR LE TERRITOIRE desquelles les propriétés sont situées.	DÉFINITION DU DOMMAGE.
1	2	3	4

MONTANT de L'INDEMNITÉ fixée par la Commission.	Le Maire soussigné, certifie que les personnes inscrites dans la 2e colonne sont les véritables ayants droit.	Mention du payement, du refus de recevoir, de l'absence de l'ayant droit ou de la consignation.	OBSERVATIONS DIVERSES.
5	6	7	8

Arrêté le présent livre de détail à la somme de

A   , le   189   .

Les Membres de la Commission,

Loi du 3 juillet 1877.

—

Décret du 2 août 1877.

—

Instruction minis-
térielle du 1er mai 1897.

—

MODÈLE Nº 2.

CORPS D'ARMÉE.

———

(1)

———

(2)

———

État des payements effectués par le (3)   *dans la journée du*   18   *, en présence de la commission, pour dommages causés aux propriétés privées par les exercices ou manœuvres d (2)*

———

Cet état, destiné à justifier les payements effectués conformément aux prescriptions de l'article 110, est établi en double expédition. Lecture devra être donnée à chaque intéressé de la déclaration qu'il signe en émargeant. Le maire est tenu de faire connaître à la commission les véritables ayants droit aux indemnités. Dans le cas où des récoltes endommagées sont frappées de saisie-brandon, il signale cet état de choses et remet copie du procès-verbal de saisie. Les indemnités afférentes à ces récoltes sont réservées, pour être consignées à la liquidation des comptes de la commission. Cette consignation est faite, à charge par le saisi de fournir la déclaration contenue dans l'état émargé.

(1) Indiquer toujours la division et la brigade.
(2) Indiquer le corps ou la fraction de corps qui a exécuté les exercices ou manœuvres.
(3) Indiquer le comptable chargé du payement.

NUMÉROS D'ORDRE		NOMS ET DOMICILES des PROPRIÉTAIRES, FERMIERS, ou autres ayants droit.	SOMMES DUES d'après le LIVRE DE DÉTAIL modèle n° 1.	Les soussignés reconnaissent avoir reçu les sommes ci-contre, se déclarent entièrement indemnisés des dommages causés par les troupes, et renoncent à toute action ultérieure contre le département de la guerre.
des payements.	des dommages.			
1	2	3	4	5
		TOTAL.....		

ARRÊTÉ le présent état à la somme de

A   , le   1889 .

.Le (1)

CERTIFIÉ EXACT :

Les Membres de la Commission,

(1) Indiquer ici le comptable chargé du payement.

Ioi du 3 juillet 1877.

Décret du 2 août 1877,
art. 112.

Instruction minis-
térielle du 1ᵉʳ mai 1897.

MODÈLE Nᵒ 3.

ᵉ CORPS D'ARMÉE.

(1)

(2)

*ÉTAT des indemnités qui n'ont pas été acceptées séance tenante pour
dommages causés aux propriétés privées, par les exercices ou
manœuvres exécutés du   au   189 ,
par l (1)   sur le territoire de la commune d*

Aux termes de l'article 112, une expédition de cet état doit être remise au maire
chargé de mettre les propriétaires en demeure de les accepter ou de les refuser dans un
délai de quinze jours. A l'expiration de ce délai, le maire transmet cet état au président
de la commission avec les réponses qui lui sont parvenues.

Une deuxième expédition doit être annexée au livre de détail et rester entre les mains
du fonctionnaire de l'intendance militaire, président de la commission, qui assure le
payement des indemnités refusées, mais en exigeant le désistement mentionné sur l'état
modèle nᵒ 2.

(1) Indiquer toujours la division et la brigade.
(2) Indiquer le corps ou la fraction de corps qui a exécuté les exercices ou manœuvres.

3.

NUMÉROS D'ORDRE du livre de détail modèle nº 1.	NOMS ET DOMICILES DES PROPRIÉTAIRES, FERMIERS ou autres ayants droit.	DÉFINITION DU DOMMAGE.
1	2	3

MONTANT de L'INDEMNITÉ fixée par la Commission.	NOMS DES PROPRIÉTAIRES, FERMIERS OU AUTRES AYANTS DROIT		OBSERVATIONS DIVERSES.
	qui acceptent l'indemnité offerte.	qui refusent l'indemnité offerte.	
4	5	6	7

ARRÉTÉ le présent état à la somme de
et transmis au Maire de la commune d

A   , le   189 .

Le Membre de la Commission,

ARRÉTÉ par le Maire de la commune d
et renvoyé au Président de la Commission.

A   , le   189 .

Le Maire de la commune d

Loi du 3 juillet 1877.

—

Décret du 2 août 1877.

—

Instruction minis-
térielle du 1er mai 1897.

—

MODÈLE N° 4.

^e CORPS D'ARMÉE.

---

*RELEVÉ sommaire des dépenses effectuées dans le corps d'armée,
par les commissions d'expertise, à l'occasion des dommages causés
aux propriétés privées par les exercices ou manœuvres exécutés
du   au   189 .*

Ce relevé doit être adressé, le 15 octobre au plus tard, au Ministre (*Direction de la
Cavalerie; Bureau de la Justice militaire*).

DÉSIGNATION DES DIVISIONS, BRIGADES OU CORPS DE TROUPE ayant manœuvré.	MONTANT DES DÉGATS causés aux propriétés.	FRAIS de BUREAU.	TOTAL DES SOMMES employées.
1	2	3	4
TOTAUX........			

Vu et transmis :

Le Général commandant le ° *corps d'armée,*

MONTANT DES SOMMES mises à la disposition de chaque commission.	SOMMES RESTÉES DISPONIBLES et versées au Trésor.	NUMÉROS ET DATES des récépissés joints au présent état.	OBSERVATIONS.
5	6	7	8

A   , le   189 .

L'Intendant militaire, Directeur du Service de l'Intendance
du   ° corps d'armée,

PARIS. — IMPRIMERIE L. BAUDOIN, 2, RUE CHRISTINE.

LIBRAIRIE L. BAUDOIN

30, rue Dauphine, Paris

JOURNAL MILITAIRE

Renfermant l'analyse de toutes les Circulaires et Décisions
ministérielles; le texte « in extenso » des Lois, Décrets
et Règlements relatifs à la constitution, à l'organisation
et à l'administration de l'Armée, etc.

108ᵉ ANNÉE

PRIX DE L'ABONNEMENT :

	Un an.	Six mois.
Paris et Province.	10 fr.	5 fr.
Étranger.	15 fr.	8 fr.

ABONNEMENTS POUR L'ANNÉE 1897

AU

JOURNAL DES SCIENCES MILITAIRES [1]

Directeur : L. BAUDOIN

30, Rue et Passage Dauphine, à Paris

73ᵉ ANNÉE (1897)

PRIX DE L'ABONNEMENT :

	Un an.	Six mois.
Pour la France	35 fr.	20 fr.
Pour l'Étranger (port simple).	40 »	22 »
— (port double).	45 »	24 »

NOTA. — Les abonnements ne sont reçus que par aut du premier jour de chaque semestre.

(1) Paraît le 15 de chaque mois en une livraison d'au moins 10 feuilles d'impression (160 pages), avec cartes, plans et dessins.
Les douze livraisons de l'année forment quatre volumes compacts d'environ 500 pages chacun.

Paris. — Imprimerie L. BAUDOIN, 2, rue Christine.

www.ingramcontent.com/pod-product-compliance
Lightning Source LLC
Chambersburg PA
CBHW061639060726
47597CB00005B/1960